手で読む 心でさわる
やさしい点字 ❸

点字をさがしてみよう

監修 日本点字委員会

国土社

はじめに

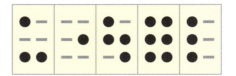

　この本のシリーズを読み進めてきたみなさんは、点字を読んだり書いたりすることに、ずいぶんと慣れてきたのではないかと思います。そうすると、今度は身のまわりにある容器や家電製品などに、点字がついていることに気づくことがありませんか？
　昨日まではただのボツボツとしか思っていなかった突起が、点字だとわかったときから、意味のある文字に見えてくるのは、ちょっと不思議な体験です。そして、みなさんが思っているよりもずっと、点字のついた製品は多いのです。
　この本では、家・まち・駅の中にある、点字や、目の見えない人にとって便利なものを、いろいろと紹介しています。かならずしも同じ製品が身近にはないかもしれませんが、みなさんが、じっさいに点字などをさがすときの手がかりとして役立ててもらえればと思います。
　本を読み終えたら、さっそく点字をさがしに出かけてみてください。そして、何が書いてあるのかを調べたり、どうしてそこにあるのかを考えたりすることで、目の不自由な人にとって、どのように役立っているのかを考えてみましょう。

もくじ

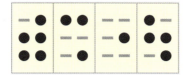

- この本の使い方 …………………………………………… 4
- 家の中の点字をさがしてみよう！ ………………………… 6
- 家のこんなところに点字があった！ ……………………… 8
- 家の中の点字のひみつ …………………………………… 14
- 点字じゃないけど役立つくふう❶ ………………………… 16
- バリアフリーとユニバーサルデザイン❶
  - バリアフリーって、なに？ …………………………… 18
- バリアフリーとユニバーサルデザイン❷
  - ユニバーサルデザインって、なに？ ………………… 20
- まちの中の点字をさがしてみよう！ ……………………… 22
- まちのこんなところに点字があった！ …………………… 24
- まちの中にある点字のひみつ …………………………… 28
- 点字じゃないけど役立つくふう❷ ………………………… 30
- 駅の中の点字をさがしてみよう！ ………………………… 32
- 駅のこんなところに点字があった！ ……………………… 34
- バリアフリーとユニバーサルデザイン❸
  - 駅や電車のバリアフリー ……………………………… 39
- 点字じゃないけど役立つくふう❸ ………………………… 40
- バリアフリーとユニバーサルデザイン❹
  - ピクトグラムって、なに？ …………………………… 42
- 答えをたしかめよう ……………………………………… 44
- さくいん …………………………………………………… 47

この本の使い方

点字をさがしてみる ｜ 身のまわりの点字にふれてみる。

ヒントを参考にすると、点字をさがしやすくなるよ。

点字があるものを見つけたら、□に印をつけていこう。

点字を読んでみる ｜ 点字を身近に感じるために。

身近なものに表示されているさまざまな点字を紹介しているよ。

じっさいに点字で何と書いてあるのかを読んでみて（　）の中に答えを書き入れよう。

点字以外のくふうも知る | 目の不自由な人への理解を深めるために。

目の不自由な人のための、さまざまなくふうを点字以外にも紹介しているよ。

どのような配慮から、どうやってくふうが生まれたのかを考えながら、読んでいこう。

先生方やおうちの方へ

この本は、家庭や学校などで教育目的のために使う場合に限り、自由にコピーすることができます。点字をさがしたり、読んだりする練習のページは、紙にコピーして答えを書きこむようにすれば、何度もくり返し使うことができます。教育以外の目的で、この本を複製することは禁じます。

このページはコピーして使おう！

何度もくり返して使えるよ。

まちがえたところは何度もやろう。

家の中の点字をさがしてみよう！

点字は目の不自由な人の文字だから、身のまわりで見かけることは、ないと思っていないかな？ じつは、家の中にも点字はあるんだよ。家の中の点字をさがして、見つけたものには●をつけてみよう！

キッチン
- IHクッキングヒーター
- 炊飯器
- 水道
- 冷蔵庫
- 食品のパッケージ
- 電子レンジ
- ミキサー
- 電気ポット
- ジャムのビン
- ケチャップ
- 牛乳パック

ヒント

家の中の点字をさがしてみるときには、2つのことに気をつけてみよう。

ひとつは、食べ物・飲み物・調味料・化粧品など、食料品や日用品の容器だ。

もうひとつは、家電製品を操作するボタンの近くだよ。

家のこんなところに点字があった！

商品や容器に点字をつけるには、手間や費用がかかるから、ここから紹介していくものは、目の不自由な人に、やさしい商品ばかりなんだよ！

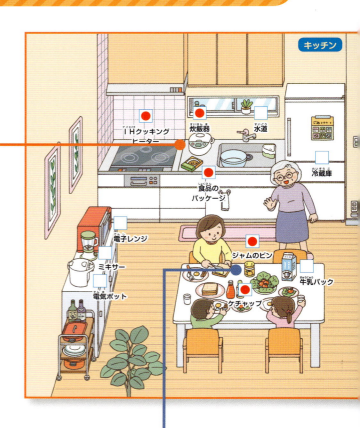

炊飯器

この炊飯器には、「炊飯」と「切」のボタンの横に点字があります。また、「炊飯」のボタンの中心には凸点が、「切」には横棒の凸バーがあり、さわっただけでボタンを区別できます。操作ミスやメニューの選択、大切なお知らせを音声で伝える機能もあります。

（三菱電機株式会社）

（　　　）（　　　）

ジャムのビン

このジャムのビンには下の方に点字があります。また、指をひっかけるへこみがフタについていて、あけるとき、すべらないようにくふうされています。

（　　　）

（キユーピー株式会社）

ここに●がついていないものにも、点字がついている場合もあるからさがしてみよう！

テレビのリモコン

このテレビのリモコンの裏側には、点字が書かれています。また、「電源」「チャンネルＵＰ」「音声切換」「再生」と数字の「５」のボタンには凸点がつけられています。

（　　　）

（三菱電機株式会社）

缶ビール

目の不自由な人が、缶ジュースや缶コーヒーなどとまちがえないように、ビールや発泡酒などのお酒の缶には、フタの上に点字がついています。

（　　　）

（アサヒグループホールディングス）

答えは44ページだよ。

ケチャップ

目の不自由な人が、冷蔵庫の中で容器が似ているマヨネーズとのちがいをわかるように、このトマトケチャップのボトルには点字がついています。

(　　　　　　　　)

（カゴメ株式会社）

洗濯機

この洗濯機には、電源やスタートなど、よく使われるボタンに点字や凸点がついています。洗濯機によっては、たくさんの便利な機能を操作するボタンの下に、それぞれ点字が表示されている場合もあります（15ページ）。

(　　　　　　　　)

(　　　　　　　　)

(　　　　　　　　)

（写真提供：シャープ株式会社）

ソース

このソースには、キャップの下に点字があります。その反対側には、同じことばの点字がアルファベットで書かれています。

(　　　　　)

（画像提供：オタフクソース株式会社）

うま味調味料や中華だし

うま味調味料や中華だしといった調味料のビンは、形や大きさが似ているので、目の不自由な人が区別できるように、フタに点字が表示されています。

（味の素株式会社）

(　　　　　)　　(　　　　　)

答えは44ページだよ。

エアコンのリモコン

このエアコンのリモコンには、「運転」ボタンの近くに点字があります。リモコンの裏側にも点字があり、ほかのリモコンと区別しやすくなっています。よく使うボタンや大きな液晶表示のまわりに凸点があり、目の不自由な人が操作しやすいように配慮されています。

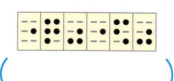

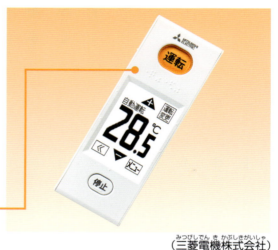

（三菱電機株式会社）

 ## 化粧品

化粧品のボトルなどには、点字が表示されているものがあります。この化粧品には、透明のパッケージに点字があります。また、化粧品の容器に貼りつけるための点字シールも配られています（15ページ）。

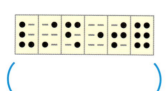

（コーセーコスメポート株式会社）

ゆかり

ゆかりは、赤しそのふりかけです。ゆかりのパッケージには、同じ点字が2か所にあります。最初は、パッケージの上側だけについていましたが、封を切ってもわかるように右側にもつけられました。

(　　　　　　　)

（三島食品株式会社）

IHクッキングヒーター

ガスコンロのように火を使わないIHクッキングヒーターは、目の不自由な人にとって安全で使いやすく、購入するときに費用の補助を受けられる場合があります。そのため、多くの製品には、点字や凸点・凸記号がついています。ほかにも、操作のミスを防げるように、すべての操作に音声ガイドや操作音がついているものもあります。

（アイリスオーヤマ株式会社）

(　　　　　　　) (　　　　　　　) (　　　　　　　)

答えは44ページだよ。

家の中の点字のひみつ

家の中をさがしてみると、食料品や日用品などの容器と、家電製品の操作ボタン近くに点字が多いことがわかるよ。いったい、どうしてなんだろう？

よく似ている商品とまちがえないように

目の不自由な人にとって、形や大きさが似ているため、ビン・缶・ボトル・箱・袋など日用品や食料品の容器は、区別しづらいものがたくさんあります。

たとえば、缶ジュースと思って飲んだものが缶ビールだったら、たいへんです。そこで、ビールなどアルコール類の缶やビンには「おさけ」などの点字が表示してあります。

このように、目の不自由な人が似たような商品とまちがえないようにするため、食料品や日用品の容器には点字がついているものが多いのです。

（味の素株式会社）

（コーセーコスメポート株式会社）

形や大きさが似ているものでも、さわっただけで区別できるようにくふうされているんだね。

（カゴメ株式会社）

（オタフクソース株式会社）

家電製品の操作をまちがえないように

家電製品の場合は、電源を入れたり切ったりするボタンなど、よく使われる機能を操作する部分に点字が表示されています。

また、テレビやエアコンのリモコンのように、似ているボタンがたくさんあって区別しにくい場合は、その家電製品の種類を点字で示しています。

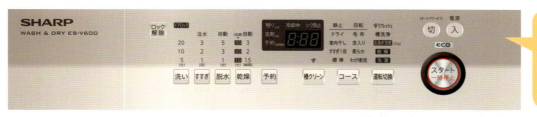

（写真提供：シャープ株式会社）

この洗濯機のように、たくさんの機能を操作する部分に点字がついている場合もあるよ。

 脱水のボタンの点字が、「だす」になっているよ。

ホントだ！ それに予約のボタンの点字は「よや」とだけ書かれているね。

点字では、伝える意味をわかりやすくあらわしたことばに省略しているんだね。

🔴 貼って使える点字シール

目の不自由な人が似たような商品とまちがえないようにするため、点字と大きな墨字の書かれたシールを無料で提供している場合があります。

容器や詰め替え容器を区別する場合はもちろん、取りあつかいを注意すべきものに貼ったり、使う場面や量などに応じて貼ったりできるように、さまざまな種類の点字シールが用意されています。自由に印をつけられるように、数字のシールや、ハート形や星形などの記号をあらわしたシールもあります。

点字シールを貼りまちがえてしまうと、そのまま、まちがえたシールをたよりにし続けてしまう場合があるので、かならず正しいシールが貼られているかどうかを注意する必要があるんだよ。

❤	❤	❤	❤	★	★	★	★
シャンプー	シャンプー	1	○
コンディショナー	コンディショナー	2	✕
リンス	リンス	3	◉
トリートメント	トリートメント	4	⁞
メイク落とし	メイク落とし	○
洗顔料	洗顔料	
ハミガキ	ハミガキ	○
ハンドソープ	ハンドソープ	
ボディソープ	ボディソープ	

洗濯	洗剤	おしゃれ着	❤
洗濯	洗剤	柔軟剤	❤
キッチン	洗剤	柔軟剤	❤
キッチン	塩素系	漂白剤	❤
お風呂	塩素系	漂白剤	★
お風呂	塩素系	食洗機	★
住居	食器	消臭剤	★
トイレ	ガラス	カビ取り剤	★

（花王株式会社）

点字じゃないけど役立つふう①

点字のほかにも、目の不自由な人がこまらないように配慮された
やさしいくふうが、たくさんあるんだよ。どのようなくふうがあるのかな？

■ 切り欠きに注目してみよう

紙パックの飲み物に注目してみると、牛乳パックだけ、一部がへこんだ切り欠きがあります。

目の不自由な人の多くが、日常生活の中で、紙パックの飲み物の中身がわからないことに不便を感じていたため、牛乳パックに切り欠きがつけられるようになりました。

このように、目の不自由な人に配慮した切り欠きが、身のまわりのものについていることがあります。

牛乳パック
この切り欠きは「あけくち」の反対側についているから、「あけくち」のある方向を、切り欠きによって判断できるよ。

ICカード
切り欠きと反対の方向に入れるんだよ。

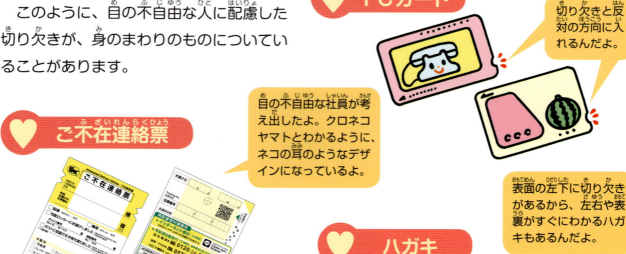

ご不在連絡票
目の不自由な社員が考え出したよ。クロネコヤマトとわかるように、ネコの耳のようなデザインになっているよ。

（ヤマト運輸株式会社）

ハガキ
表面の左下に切り欠きがあるから、左右や表裏がすぐにわかるハガキもあるんだよ。

郵便受けの中で、ほかのものにまぎれてもわかりやすいように、切り欠きがついているよ。

凸点や凸記号が役に立つ

ほとんどのシャンプーのボトルには、だれでもさわっただけで、リンスと区別できるように、ギザギザ状の「きざみ」がついています。最近では、ボディソープにも、シャンプーとはちがう「きざみ」がつけられています。

また、家電製品のボタンには、目の不自由な人が操作しやすいように、デコボコの凸点や凸記号がついているものが、たくさんあります。その製品の基本的な機能をスタートさせるボタンには丸い凸点が、終わらせるボタンには横棒の凸バーがあります。計算機や電話機などで、たくさんの数字ボタンが並んでいるときは、中央のボタンに凸点があります。

シャンプー　リンス　ボディソープ

シャンプー　リンス　ボディソープ

（花王株式会社）

食品包装用ラップ

Wの凸記号

（旭化成ホームプロダクツ株式会社）

サランラップ®の箱の横には、「W」の字を丸でかこんだ凸記号があるよ。「wrap」という英語の頭文字なんだ。

電話機

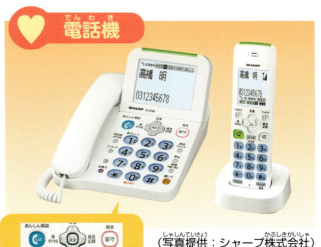

（写真提供：シャープ株式会社）

0〜9の数字のボタンが並んでいるときは、5の位置に凸点があるよ。

バリアフリーとユニバーサルデザイン❶
バリアフリーって、なに？

バリアとは、「障害」や「障へき」のこと

目の不自由な人は、視覚による情報を得られなかったり、得にくかったりするため、日常生活をおくるうえで困難なことが少なくありません。ほかの障害がある人や高齢の人にとっても、建物や道路のちょっとした段差や階段でも、乗り越えるのがたいへんな場合があります。

このように、障害のある人や高齢の人にとって「障害」や「障へき」（バリア）となっているものをとりのぞこうという考え方をバリアフリーといいます。

点字はもちろん、点字ブロックや、音声ガイドなども、目の不自由な人のバリアフリーにつながるくふうです。

バリアフリーはもともと建築用語で、おもに段差の解消を意味していました。現在では、あらゆる人が社会参加するうえで「バリア」となっているものを広くとらえるようになっていて、「4つのバリア」に分けられています。

バリアがある

バリアフリー

身のまわりにある「4つのバリア」

① 物理的バリア

歩道の段差、車いすを使う人の移動をさまたげる障害物、乗降口や出入口の段差 など

わかりにくい段差がある

② 制度的バリア

障害があることを理由に資格や免許の取得・就職・就学を制限すること など

盲導犬がお店に入れない

③ 文化・情報面のバリア

点字・音声案内・手話通訳・字幕放送によるわかりやすい表示がないこと など

メニューに点字がない

④ 心のバリア

心ない発言や視線・無関心や無理解・差別・過剰な特別あつかい など

点字ブロックの上にものを置いている

バリアフリーとユニバーサルデザイン❷
ユニバーサルデザインって、なに?

だれもが使いやすいようにくふうされたデザイン

たとえば、シャンプーのボトルにギザギザ状の「きざみ」があるおかげで、目の不自由な人だけではなく、目をつぶって髪を洗うとき、だれでもシャンプーとリンスを区別することができます（17ページ）。

また、計算機の「5」のボタンやパソコンのキーボードのボタンなどに凸点がついているおかげで、目の見える人にとっても使いやすくなっています（17ページ）。

このように、障害があるかないかだけではなく、文化・言語・年齢・体格・性別などのちがいに関係なく、だれにでも、わかりやすく使いやすいようにくふうされたデザインのことをユニバーサルデザインといいます。おもに障害のある人や高齢の人のために配慮されたバリアフリー（18ページ）よりも広い考え方で、できるだけ多くの人のために配慮されたデザインです。

ユニバーサルデザインの文房具

（コクヨ株式会社）
針を使わず、安全に紙をとじるステープラー。はずれにくい矢印刃を採用し、枚数の多い資料をとじるときも安心だよ。

（コクヨ株式会社）
小さい力でも刃先まで力が伝わり、しっかり切れるハサミ。ハンドルは、いろいろな持ち方に対応しているよ。

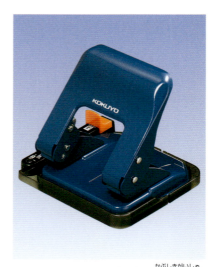
（コクヨ株式会社）
力を入れやすく、かんたんに穴をあけることができるパンチだよ。

ユニバーサルデザインの7原則

これらの原則すべてにあてはまる必要はなく、ひとつでも、いくつかでもあてはまれば、ユニバーサルデザインであると考えられているんだよ。

- だれもが公平に使える　**公平性**
- いろいろな使い方を選べる　**自由度**
- 使い方が単純で、簡単　**単純性**
- 必要な情報がわかりやすい　**わかりやすさ**
- 危険が少なく安心して利用できる　**安全性**
- 無理なく楽に利用できる　**体への負担の少なさ**
- だれにでも使いやすい大きさと広さがある　**スペースの確保**

色が見えにくい人のためのカラーユニバーサルデザイン

　色の感じ方は人によってさまざまなので、ほかの人よりも色が見分けにくかったり、ちがうように感じたりする人もいます。年齢を重ねたり、病気になったりして、変化することもあります。カラーユニバーサルデザインは、このような、さまざまな色の感じ方に配慮し、できるだけ多くの人が見分けやすい色使いが選ばれたデザインです。

　たとえば、最近の教科書は、できるだけ見分けやすい色が使われ、色だけでなく、もようや形、線の種類などによって情報を伝えるように、くふうされています。

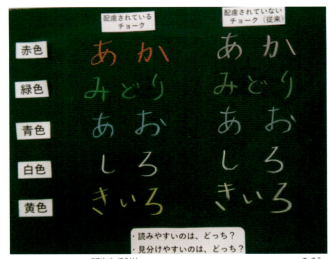

(NPO法人　カラーユニバーサルデザイン機構)

色を見分けやすいように配慮された色覚チョーク。白と黄色以外の赤・青・緑のチョークも見分けやすくなり、学びの環境を良くすることにもつながるんだ。

まちの中の点字をさがしてみよう！

次は、家から外へ出て、まちの中の点字をさがしてみよう。そして、点字を見つけたところに●をつけてみよう。
今まで、なにげなく見ていたまちの中にも、いろいろな場所に点字があるんだよ。

公園

公衆電話

バス停

バスの停車ボタン

郵便局　ATM

レストラン

郵便ポスト　ドリンクバー

メニュー

レジ

ヒント

まちの中で点字をさがすときは、よく行く場所を考えてみよう。

たくさんの人が行く場所や、たくさんの人が使うものには、目の不自由な人にとっても便利なくふうが多いんだよ。

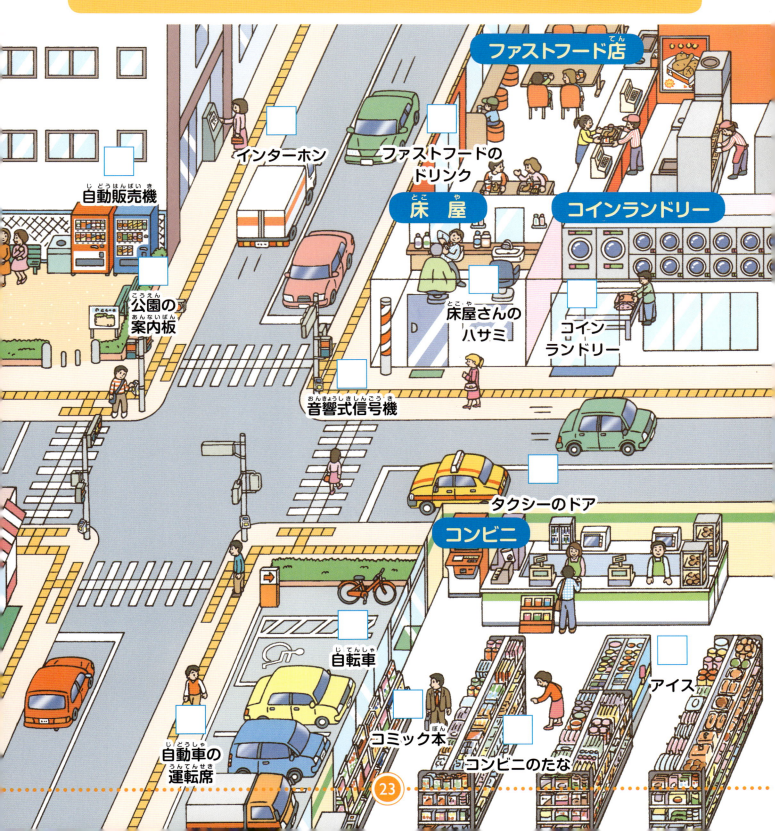

まちのこんなところに点字があった！

まちで点字をさがしてみると、建物や店、歩道などで点字が見つかるよ。いったい、何と書いてあるのかな？じっさいに読んでみよう！

公衆電話

テレホンカードの挿入口や、硬貨（小銭）の投入口に点字があります。一部の公衆電話には、テレホンカードの残り度数を音声で知らせる機能もあります。

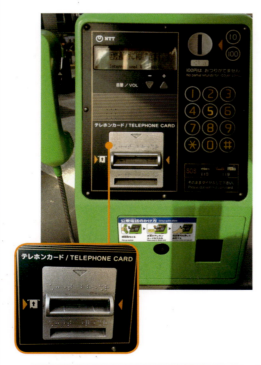

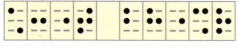
(　　　　　　　　　　　)

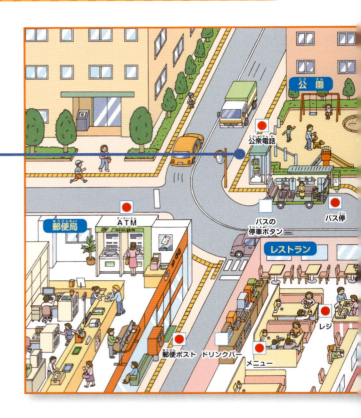

インターホンやレジにあるクレジットカードの端末にも、点字があることが多いよ。

目の不自由な人が安心して歩けるように、歩道には点字ブロックが敷かれているね。

音響式信号機

目の不自由な人が安心して横断歩道を渡れるように設置されています。信号が青になると、進む方向によって、「ピヨピヨ」や「カッコウ」などの音が流れます。この押しボタン式の音響式信号機には、押しボタン箱の上に点字が表示されています。

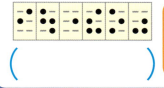
（　　　　　）

自動販売機

自動販売機には、硬貨の投入口やお釣りの返却レバーに点字があります。しかし、商品を選ぶボタンや値段にも点字がついている自動販売機は、まちの中にはあまりありません。福祉施設などにあるものには、商品名や値段にも点字シールを貼っていることがあります。

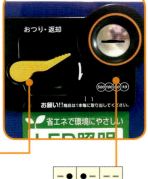

（　　　　　）　（　　　　　）

（アサヒグループホールディングス）

答えは45ページだよ。

点字メニュー

ファミリーレストランなどのお店には、商品の名前や値段、内容などが大きな墨字と点字で書かれた点字メニューを置いているところがあります。

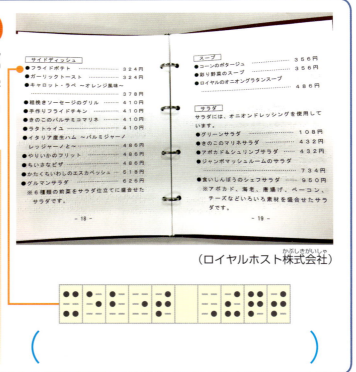

（ロイヤルホスト株式会社）

(　　　　　　　)

郵便局のＡＴＭ

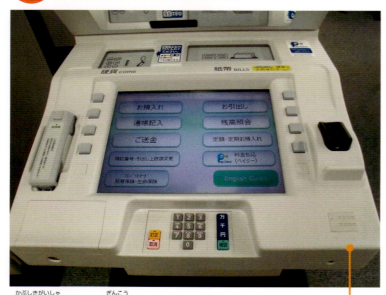

（株式会社ゆうちょ銀行）

郵便局のすべてのＡＴＭには、カード・通帳・現金を出し入れするところや操作するボタンに、たくさんの点字が表示されています。小さな凸点が浮き出て、点字で取りあつかい金額を表示する「点字金額表示器」という機能もあります。また、イヤホンを差しこむところや受話器にも点字がついていて、目の不自由な人がＡＴＭの操作方法を音声ガイドで聞くことができます。

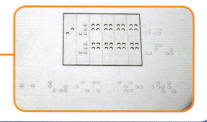

(　　　　　　　)

ファストフードのドリンク

ケンタッキーフライドチキンのドリンクのフタには、3か所に点字があります。カウンターで2つ以上のドリンクを渡すとき、かならずとはかぎりませんが、店員が点字の近くにある丸いふくらみを押して、へこませることがあります。目の不自由な人が、どの種類の飲み物かを区別しやすくなるのはもちろん、目の見える人にとっても、色が似ていてわかりにくいコーヒー、コーラ、アイスティーなどを区別しやすくなります。

（©日本ケンタッキー・フライド・チキン株式会社）

( ) ( )

郵便ポスト

すべてのポストに、点字が表示されています。このポストには、投函口のすぐ下にある「手紙・はがき」や「その他郵便物」とその説明、さらに「取集時刻」に点字があります。

（日本郵便株式会社）

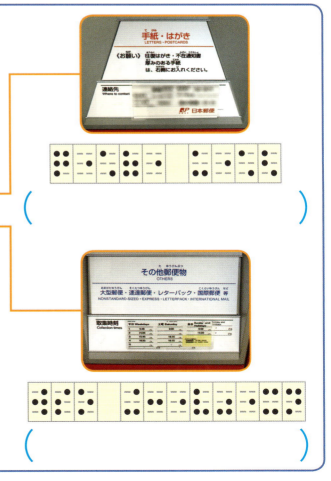

( )

( )

まちの中にある点字のひみつ

公園や郵便局のような、だれでもおとずれるところには点字があるよ。また、自動販売機・公衆電話・信号機・バス停のように、無人で案内が必要なものに点字があるんだ。まちの中の点字のひみつをさぐってみよう！

建物や設備を案内する点字

だれもがよく使っている市役所・体育館・大きな図書館といった公共施設や、公園・公衆トイレなどには、建物や設備などを案内するための点字が見られます。

特に目の不自由な人にとって便利で、よく使われているのはエレベーターの点字です。また、階段の手すりやトイレの案内図などにも、点字が表示されています。

（三鷹市／三鷹中央防災公園・元気創造プラザ）
エレベーターには、ボタンの左横か上に点字があるんだ。また、ボタンの数字などはデコボコの浮き出し文字になっているよ。

（三鷹市）
公園の入口から公衆トイレまでのルートが紹介されている案内板。

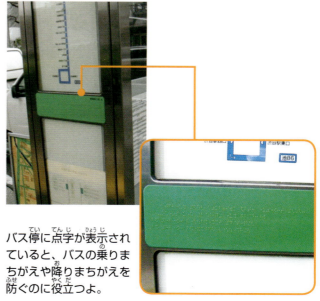

バス停に点字が表示されていると、バスの乗りまちがえや降りまちがえを防ぐのに役立つよ。

商品や操作方法を案内する点字

点字メニューは、料理の種類や値段が点字で表示され、なじみのない料理などにはこまかい説明が書かれています。自分でメニューを読み、料理や飲み物を自由に選ぶことができるので、目の不自由な人にとって嬉しいサービスです。

また、公衆電話・自動販売機・ＡＴＭなどにある点字は、目の不自由な人が機械を操作するうえで大切な手がかりとなっています。

（ロイヤルホスト株式会社）

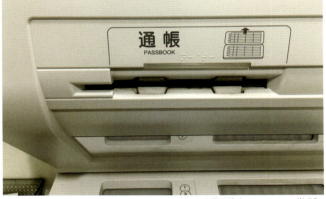
（株式会社ゆうちょ銀行）
銀行のＡＴＭには、現金・カード・通帳などの出入口の近くに点字があるよ。

🔴 さわる絵本

まちの本屋さんでは、墨字や絵にあわせて、点字や触図（さわるとわかる立体的な図や絵のこと）が一緒に印刷された絵本を売っています。だれでも、目の不自由な人と一緒に、さわって楽しめるようにくふうされたユニバーサルデザインの絵本です。

（ＮＰＯ法人　ユニバーサルデザイン絵本センター）

『ぐりとぐら』（福音館書店）
なかがわりえこ　作／おおむらゆりこ　絵

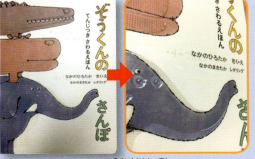
『ぞうくんのさんぽ』（福音館書店）
なかのひろたか　作・絵／なかのまさたか　レタリング

点字じゃないけど役立つくふう❷

まちの中には、人がたくさん集まるところで目の不自由な人が
こまらないように、たくさんのくふうが見られるよ。
点字のほかに、いったい、どんなくふうがあるのかな？

点字ブロックには大きく2種類がある

点字ブロックは、目の不自由な人が安全に移動できるように、歩道や公共施設などに敷かれています。

目の不自由な人が、足の裏の感覚などで位置や方向をたしかめられるように、タイルの表面にデコボコがあります。

目の見えにくい人にも、よくわかるように、点字ブロックの色は黄色がいいんだね。

誘導ブロック

（東京メトロ）

線状ブロックとも呼ばれ、並んでいる線が進行方向を示しているよ。ふつう、いくつかのブロックが連続して敷かれるよ。目の不自由な人は、まわりに障害物がなく、誘導ブロックの上は安全に歩行できると考えるんだ。

警告ブロック

（東京メトロ）

点状ブロックとも呼ばれ、並んでいる点が、止まるところや注意すべきところを示しているよ。自動ドア・階段・エレベーター・横断歩道・建物・案内板・障害物の前や、誘導ブロックが交差するところにあるんだ。

まっすぐ進む

曲がる

いったん止まれ

（三鷹市／三鷹中央防災公園・元気創造プラザ）

横断歩道の中央にあるエスコートゾーン

横断歩道には、点字ブロックが設置されていないため、目の不自由な人が横断歩道を外れて道路を渡ってしまうおそれがあります。そのため、エスコートゾーン（視覚障害者用横断歩道帯）が中央付近に設置されている横断歩道があります。

エスコートゾーンのデコボコは、線のようにつなげた丸い点がヨコに並び、その両端には、進行方向にタテにつなげた点が並んでいるよ。点字ブロックとちがう形にすることで、歩道などと区別できるように、くふうしているんだ。

音声で情報を伝える

まちの中には、人の話し声・車のエンジン音・工事の音など、さまざまな音があります。目の不自由な人にとって、こうした音や声は大切な情報となっています。

そこで、目の不自由な人のために、さまざまな音響案内が開発・設置されています。音響式信号機（25ページ）から流れる音は、代表的な音響案内です。

また、録音された人の声や機械の声で情報を伝える音声案内も役立っています。

6つの警告ブロックの上で立ち止まると、4つのスピーカーから音声案内が流れる。

（三鷹市／三鷹中央防災公園・元気創造プラザ）

🔴 音の静かな自動車は危険！

1年間で、目の不自由な人の2人にひとりが、歩道などで自転車とぶつかったことがあるという調査結果があります。また、路上に駐車している自動車や、よそ見をしている歩行者など、目の不自由な人にとって、まちの中にはたくさんの危険があります。その危険を避けるための大切な手がかりとして、音や声を耳で聞き分けているのです。ところが、近年、ハイブリッドカーや電気自動車などエンジンの音が静かな自動車が開発され、広まりつつあります。そのため、音をたよりに自動車が近づいていることを判断する目の不自由な人にとっては、大きな問題となっています。

駅の中の点字をさがしてみよう！

まちの中でも、電車の駅はたくさん人が集まる場所だから、点字もたくさん集まっているよ。
近くの大きな乗りかえ駅まで出かけて、何が書いてあるかをくらべてみるといいよ。

ヒント

駅では、切符を買ってから改札に入り、電車に乗るまでの道順をていねいに調べてみよう。点字や目の見えない人へのくふうは、線状の誘導ブロックにそって歩いていくと、ところどころにある点状の警告ブロックの近くにあることが多いよ。

駅のこんなところに点字があった！

駅の中でさがすと、点字がたくさん見つかるよ。いったい、どんなことが書かれているのかな？
じっさいに読んでみよう！

点字運賃表

目の不自由な人のために、自動券売機のとなりに点字で書かれた運賃表があります。駅の名前と、そこまでにかかる運賃が点字で書かれています。運賃表にない駅の場合は、駅員にたずねれば教えてくれます。

（東京メトロ）

（　　　　　　　　　）

多目的トイレ

水を流すボタンやドアの開閉ボタンなどに点字があります。

（　　　　）

まちの中と同じように、駅でも点字ブロックをたどっていくと、点字が見つかりやすいよ。

階段の手すり

駅の階段の一番上と一番下の手すりには、点字でホームや出口の案内が示されています。手すりに点字の表示があることで、目の不自由な人が自分のいる場所を確認でき、行き先を知ることによって安心して移動できます。

（提供：京王電鉄株式会社）

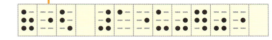

(　　　　　　　　　　　　　)

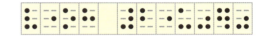

(　　　　　　　　　　　　　)

電車のドア

乗車している位置が確認できるように、ドアの内側に車両とドアの番号が点字で表示されています。電車によっては、車両の位置がさわってわかる触図がある場合もあります。

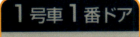

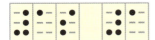

(　　　　　　　　　　　)

（東京メトロ）

答えは45ページだよ。

自動券売機

駅の自動券売機やのりこし精算機には、たくさんの点字があります。また、目の不自由な人のために数字のキー（テンキー）がついていて、金額の数字を押して切符を買うことができます。ふつう左下の「＊」のキーを押すと、音声案内を聞くことができます。この音声案内にあわせて液晶画面が黒く切りかわり、「数字ボタンを押してください」などの案内が目立つように大きな白い文字で表示されます。操作の順番にしたがって画面が変わっていくので、目の見えにくい人が切符を買うのに役立ちます。

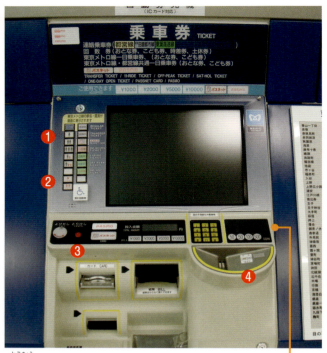

（東京メトロ）

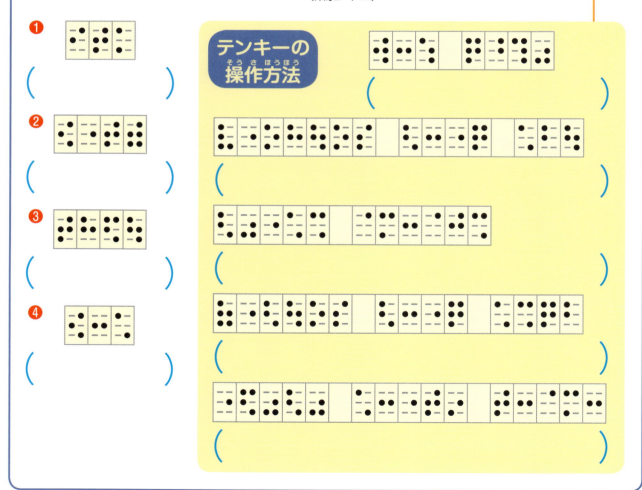

エレベーター

ふつうエレベーター内の操作ボタンには、それぞれ点字がついていて、ボタンの数字などはデコボコの浮き出し文字になっています。また、エレベーターまでは誘導ブロックが敷かれ、エレベーターの操作ボタンの手前に警告ブロックがあります。

（東京メトロ）

（東京メトロ）

❶  （　　　）

❸ （　　　）

❺ （　　　）

❷ 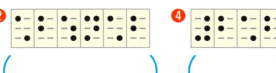 （　　　）

❹ 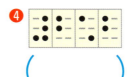 （　　　）

❻ （　　　）

トイレ案内図

駅のトイレの前には、点字と触知記号（38ページ）で示した案内図があります。この案内図では、凡例に多くの点字が書かれています。下のスピーカーからは、「向かって右に男子トイレと女子トイレの入口があります」などの音声案内も流れます。

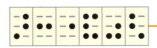
（　　　　　　　　　　）

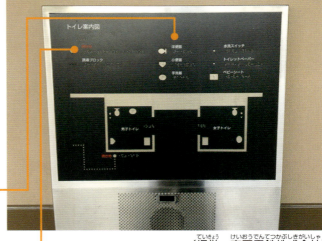

（提供：京王電鉄株式会社）

（　　　　　　　　　　　　　　　　　　　　　　　）

答えは46ページだよ。

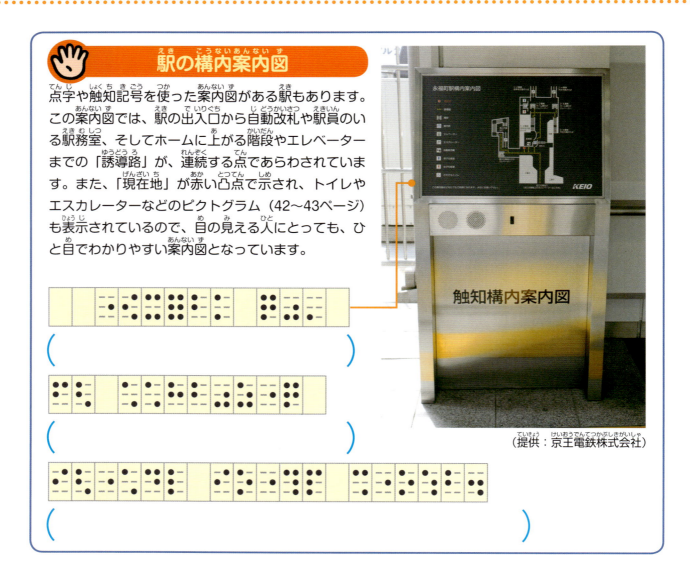

駅の構内案内図

点字や触知記号を使った案内図がある駅もあります。この案内図では、駅の出入口から自動改札や駅員のいる駅務室、そしてホームに上がる階段やエレベーターまでの「誘導路」が、連続する点であらわされています。また、「現在地」が赤い凸点で示され、トイレやエスカレーターなどのピクトグラム（42～43ページ）も表示されているので、目の見える人にとっても、ひと目でわかりやすい案内図となっています。

（提供：京王電鉄株式会社）

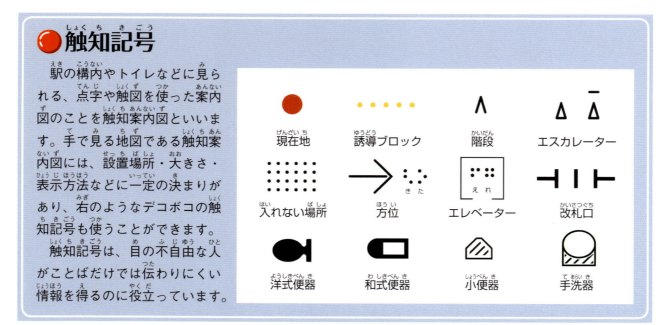

触知記号

駅の構内やトイレなどに見られる、点字や触図を使った案内図のことを触知案内図といいます。手で見る地図である触知案内図には、設置場所・大きさ・表示方法などに一定の決まりがあり、右のようなデコボコの触知記号も使うことができます。

触知記号は、目の不自由な人がことばだけでは伝わりにくい情報を得るのに役立っています。

答えは46ページだよ。

バリアフリーとユニバーサルデザイン❸
駅や電車のバリアフリー

　駅や電車は、2000年ごろからバリアフリーの取り組みが進められ、2006年に「バリアフリー新法」という法律が定められたこともあり、もっともバリアフリーの設備が整えられている場所のひとつとなっています。

　特に、ホームドアは、目の不自由な人の駅での安全にとって、もっとも大切です。目の不自由な人の多くが、駅のホームから落ちた経験があるといわれているからです。2011年、目の不自由な人がホームから落ちて亡くなった事故をきっかけに、ホームドアの設置が求められるようになりました。ところが、全国でホームドアを設置している駅は1割にもおよびません。ホームドアの設置には数億円規模ともいわれる費用がかかるからです。

　駅のホームで目の不自由な人がいたらまわりの人が声をかけることや、点字ブロックの上にものを置かないことが大切です。「ながら歩き」は、絶対にやめましょう。

ホームドアには、ドアの位置などが点字で表示されているものもあり、目の不自由な人にとって便利で、役立っているよ。

車いすでも通れるように、はばの広い自動改札機があるよ（はばは90cm以上）。

車いすに乗ったまま階段を移動できる階段昇降機を備えた駅もあるよ。

鉄道やバスの車両には、車いすやベビーカーが利用できる広いスペースが設置されているよ。

子どもや高齢者が利用しやすいように、階段の手すりが上下2段になっている駅もあるよ。

（画像提供：東京メトロ）

点字じゃないけど役立つふう❸

駅ではバリアフリーが進んでいるから、点字以外にも、目の不自由な人のためのくふうがたくさんあるよ。駅に入ってから電車に乗るまでのルートを安全に移動できるようにするためのものなんだ。

■ 改札口や階段の場所などを音や声で知らせる

　駅の改札口の近くで、「ピン・ポーン」という音がなっています。これは、目の不自由な人のために改札口があることを知らせる音響案内です。

　また、ホーム上でも、鳥の鳴くような音が流れていることがあります。これは、階段の場所を知らせています。このように、決められた音響案内や音声案内（31ページ）のことを「音サイン」ともいいます。

♥ 音響案内や音声案内

（提供：京王電鉄株式会社）

駅の改札口や階段の場所などをチャイムや音声で案内しているんだよ。

♥ 改札口

（東京メトロ）

駅の出入口と改札口で流れている音響案内の多くは、同じものだよ。

♥ エスカレーター

（東京メトロ）

目の不自由な人がまちがえて乗ってしまわないように、エスカレーターの前には警告ブロックがあり、上り下りや行き先を知らせる音声案内が流れているよ。

駅の中やホームでの安全を守るために

駅の入口からホームに着くまでのルートには、とぎれなく点字ブロックによる案内が続いていて、目の不自由な人がホームまで安全に移動できるように、くふうされています。ところが、目の不自由な人がホームから落ちて亡くなってしまう事故も少なくありません。そのため、転落や接触による事故を防ぎ、目の不自由な人がホーム上を安心して移動できるように、最近はホームドアを設置する駅も増えてきました。

♥ 券売機・改札口

券売機や点字運賃表、改札口の前には、警告ブロックがあるよ。

♥ スロープ

階段などの段差をなくすために、スロープが設置されているんだ。

♥ エレベーター

エレベーターの操作ボタンの前にも、警告ブロックがあるよ。

♥ 内方線付き点字ブロック

←内方線

ホームドアがない駅では、ホームの内側を示す線（内方線）のついた点字ブロックが敷かれているんだ。点字ブロックの上には、荷物などのものを置かないように気をつけよう。

♥ ホームドア

ホームドアは、電車のドアと連動して自動ドアが開閉するので、ホームへの転落や電車との接触の心配がないんだ。

（画像提供：東京メトロ）

バリアフリーとユニバーサルデザイン❹
ピクトグラムって、なに？

　ピクトグラムとは、ことばによらず、目で見ただけで案内を可能にする絵文字（絵言葉）のことです。情報を案内したり、注意をうながしたりするために、公共施設などの案内表示板に広く使われています。そのわかりやすさから、障害者や高齢者に配慮されたユニバーサルデザイン（20ページ）として広まっています。

　バリアフリー新法（39ページ）では、駅のエレベーターやトイレなどの近くに、ピクトグラムによる案内表示を設置することが義務づけられています。

　また、駅の構内やトイレの触知案内図には、点字や触知記号（38ページ）と一緒に、ピクトグラムが表示されているものがあります。

（社会福祉法人　日本盲人福祉委員会）
1984年10月、サウジアラビアのリヤドで開かれた世界盲人連合の設立総会で定められた「盲人のための国際シンボルマーク」だよ。目の不自由な人の安全や、バリアフリーを考慮した建物・設備・機器などにつけられている世界共通のマーク（ピクトグラム）なんだ。

デザインがバラバラのピクトグラム	標準的なピクトグラム

特に目の見えにくい人にとって、デザインがバラバラのピクトグラムは、とてもわかりづらいんだ。だから、駅などでは、右にあるような標準的なピクトグラムが使われているよ。

公共・一般施設

案内所	情報コーナー	病院	救護所	警察
 男子	女子	障害のある人が使える設備	スロープ	飲料水
忘れ物取扱所	ホテル／宿泊施設	きっぷうりば／精算所	コインロッカー	休憩所／待合室
キャッシュサービス	郵便	電話	ファックス	エレベーター
エスカレーター	階段	乳幼児用設備	水飲み場	くず入れ

注意

 一般注意　障害物注意
 上り段差注意　下り段差注意

安全

 消火器　 非常電話
 非常ボタン　 非常口
 広域避難場所

交通施設

航空機／空港	鉄道／鉄道駅	船舶／フェリー／港
ヘリコプター／ヘリポート	バス／バスのりば	タクシー／タクシーのりば
レンタカー	自転車	駐車場

禁止

一般禁止	禁煙	火気厳禁	進入禁止
駐車禁止	自転車乗り入れ禁止	立入禁止	走るな／かけ込み禁止
携帯電話使用禁止	電子機器使用禁止	撮影禁止	フラッシュ撮影禁止

観光・文化・スポーツ施設

展望地／景勝地	陸上競技場	サッカー競技場	野球場	テニスコート
海水浴場／プール	スキー場	キャンプ場	温泉	

商業施設

 レストラン　喫茶・軽食
 ガソリンスタンド　 会計

※赤字は「アクセシブル」という新しい分類に含まれるようになった。　（協力：公益財団法人交通エコロジー・モビリティ財団）

答えをたしかめよう

家のこんなところに点字があった！ 8〜13ページ

8ページ
- 炊飯器　左（　きり　）　右（　たく　）
- ジャムのビン　（　じゃむ　）

（味の素株式会社）

（キユーピー株式会社）

9ページ
- テレビのリモコン　（　てれび　）
- 缶ビール　（　おさけ　）

10ページ
- ケチャップ　（　けちゃっぷ　）
- 洗濯機　左（　すたーと　）
　　　　　右上（　きり　）　右下（　いり　）

（コーセーコスメポート株式会社）

11ページ
- ソース　（　そーす　）
- うま味調味料や中華だし　左（　とりがら　）　右（　あじのもと　）

12ページ
- エアコンのリモコン　（　でんげん　）
- 化粧品　（　ひやけどめ　）

（三島食品株式会社）

家の中には、家電製品のボタンや容器に点字があったよね。

13ページ
- ゆかり　（　ゆかり　）
- ＩＨクッキングヒーター　左（　あげ　）
　　　　　　　　　　　　　中（　わかし　）
　　　　　　　　　　　　　右（　たいま　）

まちのこんなところに点字があった！ 24〜27ページ

24ページ
- 公衆電話（かーど　いりぐち）

25ページ
- 音響式信号機（おしぼたん）
- 自動販売機　左（へんきゃく）　右（こいん）

まちの中では、無人の機械にある点字が多かったよ。

26ページ
- 点字メニュー（ふらいど　ぽてと）
- 郵便局のATM（きんがく　ひょーじき）

（ロイヤルホスト株式会社）

27ページ
- ファストフードのドリンク　左（こーひー）　右（てぃー）
- 郵便ポスト　上（てがみ・はがき）　下（そのた　ゆーびんぶつ）

駅のこんなところに点字があった！ 34〜38ページ

34ページ
- 点字運賃表（あさくさ　230）
- 多目的トイレ（ひらく）

（提供：京王電鉄株式会社）

35ページ
- 階段の手すり　上（みぎ　1ばんせん・）　下（ひだり　2ばんせん）
- 電車のドア（1の1）

36ページ

🖐 自動券売機　❶（　おとな　）　❷（　こども　）
　　　　　　　❸（　とりけし　）　❹（　こーか　）

テンキーの操作方法
（　そーさ　てじゅん　）
（　ひだりしたの　きーで　かいし　）
（　きんがく　にゅーりょく　）
（　みぎしたの　きーで　かくてい　）
（　げんきん　かーどを　とーにゅー　）

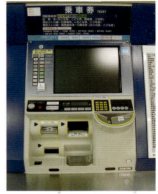
（東京メトロ）

37ページ

🖐 エレベーター　❶（　ひじょー　）　❷（　かいさつかい　）　❸（　1かい　）
　　　　　　　　❹（　2かい　）　❺（　あけ　）　❻（　しめ　）

🖐 トイレ案内図　上（　よーべんき　）　下（　げんざいち（ずの　ひだりした）　）

38ページ

🖐 駅の構内案内図
（　ごふめいな　てんわ　）
（　えき　かかりいんまで　）
（　おきがるに　おたずね　ください。　）

駅の中では点字ブロックをたどっていけば、点字があるところを見つけられるね。

おつかれさま！さがしてみると、身のまわりにはたくさんの点字があるのね。

けど、点字がない場所や商品もたくさんあったよ。もっと、たくさん点字が増えると、いいのにね。

点字があるということは、その点字を必要とする人がいるということなんだ。だから、点字を学ぶことは、目の不自由な人への理解を深めることにつながるんだよ。

さくいん

あ行

- ＩＨクッキングヒーター……………… 13
- ＩＣカード……………………………… 16
- うま味調味料や中華だし……………… 11
- 駅の構内案内図………………………… 38
- エスコートゾーン……………………… 31
- エレベーター……………………… 37、41
- 音響案内／音声案内……………… 31、40
- 音響式信号機…………………………… 25

か行

- 改札口……………………… 39、40、41
- カラーユニバーサルデザイン………… 21
- 缶ビール………………………………… 9
- 牛乳パック……………………………… 16
- 切り欠き………………………………… 16
- 化粧品…………………………………… 12
- ケチャップ……………………………… 10
- 公衆電話………………………………… 24
- ご不在連絡票…………………………… 16

さ行

- 自動券売機………………………… 36、41
- 自動販売機……………………………… 25
- ジャムのビン…………………………… 8
- シャンプー……………………………… 17
- 触図／触知記号…………… 29、37、38
- 食品包装用ラップ……………………… 17
- 炊飯器…………………………………… 8

た行

- スロープ………………………………… 41
- 洗濯機…………………………………… 10
- ソース…………………………………… 11

た行

- 手すり……………………………… 35、39
- 点字運賃表……………………………… 34
- 点字シール……………………………… 15
- 点字ブロック……………………… 30、41
- 点字メニュー…………………………… 26
- 電車のドア……………………………… 35
- 電話機…………………………………… 17
- トイレ（案内図）………… 28、34、37
- 凸点／凸記号／凸バー………………… 17

は行

- ハガキ…………………………………… 16
- バリアフリー……………… 18、20、39
- ピクトグラム…………………………… 42
- ファストフードのドリンク…………… 27
- ボディソープ…………………………… 17
- ホームドア………………………… 39、41

や行

- 郵便局のＡＴＭ………………………… 26
- 郵便ポスト……………………………… 27
- ゆかり…………………………………… 13
- ユニバーサルデザイン…18、20、21、39

ら行

- リモコン…………………………… 9、12

監修／日本点字委員会

　1966（昭和41）年、日本における点字表記法の唯一の決定機関として発足。主な事業は「点字表記法の決定と修正」「点字表記法の普及と徹底」「各地域関係各界における点字研究機関の育成と指導」「内外関係諸団体に対する連絡と交渉」「会誌の編集と発行」など。『日本点字表記法』の編集・発行、『点字理科記号解説』『点字数学記号解説』『試験問題の点字表記』などの解説書の編集・発行、点字の啓発パンフレットの配布などをおこなう。また、委員を中心に全国各地で地域小委員会を定期的に開催して、点字表記に関する研究と普及をおこない、それらの成果を持ち寄って研究・協議する総会を年1回開催している。

カバーデザイン／高橋弘将
本文デザイン／岡田　茂
イラスト／きゃんみのる

2018年　4月30日　初版第1刷発行
2018年11月30日　初版第2刷発行

監修：日本点字委員会
編集：国土社編集部
発行：株式会社　国土社
　　〒101-0062　東京都千代田区神田駿河台2-5
　　TEL 03-6272-6125　　FAX 03-6272-6126
　　http://www.kokudosha.co.jp
印刷：瞬報社写真印刷　株式会社
製本：株式会社　難波製本

NDC369　48P　28cm
ISBN978-4-337-28403-6
Printed in　Japan　　©KOKUDOSHA 2018
落丁本・乱丁本はいつでもおとりかえいたします。